Michel Cornillon

Pour vous les enfants

---

illustrations de l'auteur

Éditeur : BOD-Books on Demand
12/14 rond point des Champs-Élysées, 75008 Paris, France

ISBN 978-2-32201-798-0
© Michel Cornillon – Libres plumes 1994
www.chroniquevirgule.canalblog.com
michelcornillon@orange.fr

Par un beau matin de mai, je flânais dans les rues de Paris. C'était à l'heure du déjeuner, mon ventre criait famine, je me demandais si j'allais manger un sandwich ou entrer dans un restaurant. Soudain, il y eut un silence dans la ville, un silence magique, et vous m'êtes apparus. Alors je vous ai vus, vous, les enfants, et en un millième de seconde ce que vous allez lire m'a été donné.

Ce livre écrit quelques mois plus tard, en vacances, je vous le dédie donc aux enfants de la terre. Je le dédie aux enfants blancs, aux enfants noirs et jaunes, ou mêlés de noir, de jaune et de blanc ; aux enfants grassouillets et aux enfants maigres, aux enfants filles et aux enfants garçons, aux enfants sages mais aussi aux enfants barbouillés de confiture, à ceux qui tirent la langue, se cachent pour jouer avec les allumettes.

Mais je dédie aussi ces pages à quelques grandes personnes qui savent encore s'amuser, sourire au lever du soleil, pleurer au-dedans d'elles lorsque soudain, à la télévision ou dans la rue, apparaît le visage grimaçant de la bêtise, de l'égoïsme et de la guerre.

MC

Et une femme qui portait un enfant
dans les bras dit,
 Parlez-nous des Enfants.

Et il dit :
Vos enfants ne sont pas vos enfants.
Ils sont les fils et les filles
de l'appel de la Vie à elle-même.
Ils viennent à travers vous mais non de vous.
Et bien qu'ils soient avec vous,
ils ne vous appartiennent pas.
(…)
Vous pouvez vous efforcer d'être comme eux,
mais ne tentez pas de les faire comme vous.
Car la vie ne va pas en arrière,
ni ne s'attarde avec hier.

Khalil Gibran. *Le Prophète.*
Editions Casterman

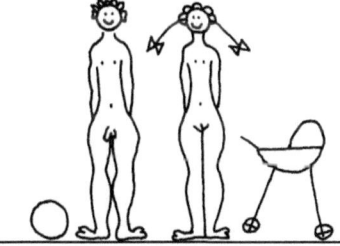

Bonjour

Sur la couverture, je vous ai dessinés tout nus.
Un petit garçon et une petite fille. Parce que chez les
vivants c'est ainsi : il y a les vivants garçons et les
vivants filles. Même chez les oiseaux. Même chez
les poissons. Même chez les fourmis, qui vont à la
queue leu leu en portant des brindilles… Et même
chez les plantes il y a des garçons et des filles. Mais
on ne le voit pas.

Et je vous ai dessinés ainsi parce que, quand vous
venez au monde, quand vous voyez le jour pour la

première fois, vous n'avez pas d'habits. Vous êtes comme de petits animaux... Mais la plupart des animaux ont des poils, des plumes ou des coquilles d'escargots. Pas vous.

Vous, vous êtes des humains, et vous naissez sans rien.

Bien sûr, maintenant que vous êtes grands et que vous savez lire, j'aurais pu vous dessiner avec des habits. Mais lesquels vous donner ? Là, j'étais bien embêté. Vous êtes si nombreux ! Des centaines de millions, dans tous les pays.

Dans les pays chauds. Dans les pays froids. Dans les pays tempérés.

Alors... vous habiller en Esquimaux, avec de la

fourrure ? C'était une première solution, mais les enfants des pays chauds n'auraient pas compris...

Ou comme les enfants des tropiques, avec juste un chiffon pour cacher le zizi ? C'en était une seconde, mais les enfants des contrées de la neige auraient attrapé froid…

Je vous ai donc dessinés tels que nous venons au monde. Ainsi, chacun pourra se reconnaître.

Mais en réalité, ce n'est pas pour cette raison que je vous ai dessinés sans rien.

Je vous ai dessinés sans habits parce que je vous aime ainsi : beaux comme au temps de l'Éden, avec un grand sourire.

Un sourire de lumière.

S'il vous plaît, ne le dites à personne, que je vous aime tout nus. Et ne dites surtout pas que j'aime jouer avec vous : on me ferait les gros yeux, on ne me laisserait plus vous prendre dans mes bras, j'en serais attristé.

Dites-le seulement à vos amis, venez me voir avec eux et prenons-nous par la main. Nous nous amuserons, nous construirons des cabanes, nous plongerons dans les rivières et les mers, au milieu des poissons. Puis nous casserons des œufs, nous ajouterons de la confiture, nous ferons des gâteaux gigantesques.

Ensuite je vous emmènerai avec moi et nous irons très loin, très haut, là où personne n'est jamais allé. Bien plus loin que la lune.

La vie est une grande fête avec juste une larme de temps à autre, trois gouttes de pluie entre deux éclats de rire.

Le maître de la Terre

Avant de savoir lire, écrire et compter, vous saviez juste jouer, écouter et parler. Avant cela, vous saviez juste marcher et manger. Et avant de savoir marcher, vous saviez juste crier dès que vous aviez faim. Vous étiez des bébés, de petits nourrissons pareils à des oisillons dans un nid...

Et avant de venir au monde, de hurler comme des fous pour qu'on vous donne du lait, où étiez-vous ? Qu'étiez-vous ?

Vous le savez : vous étiez dans les ventres de vos mamans, tels les poussins dans un œuf. D'accord, mais avant cela ? Où étiez-vous avant l'œuf, mes poussins ?

Eh bien moi qui suis quelqu'un de très savant, je n'en sais rien du tout. Personne n'en sait rien. Personne ne sait non plus d'où vient l'espèce humaine, à laquelle nous appartenons.

Les animaux, on sait d'où ils viennent : ils se sont formés petit à petit à partir de l'eau, de l'air et de la lumière. La vie, nous enseigne-t-on dans les livres, a commencé dans les océans, puis elle a gagné la surface de la terre.

Bien sûr, les premiers animaux n'étaient guère évolués. C'étaient surtout des vers de terre et des vers d'eau, avec juste une bouche et un œil. Puis leur ont poussé des pattes, des nageoires ou des ailes, des poils ou des plumes, des oreilles, des nez ou des becs, parfois même des antennes. Ainsi sont apparus les animaux que vous connaissez bien : l'éléphant, le papillon et le chien, par exemple. Et le singe, qui est le plus malin de tous et nous ressemble un peu.

Enfin est apparu l'homme, il y a trois millions d'années.

On dit que l'homme descend du singe, c'est-à-dire qu'il est une sorte de singe devenu intelligent.

Pouvons-nous croire cela ? Pouvons-nous croire que l'homme est un animal ?

Puisque l'homme vit et meurt, qu'il mange et boit, fait des enfants comme le chien, l'éléphant et le singe, on peut dire : l'homme est un animal.

Mais on ne le dit pas. On sait depuis toujours que l'espèce humaine, parmi tout ce qui vit sur terre, est une espèce à part.

Sur terre se côtoient le règne végétal, le règne animal et l'espèce humaine.

17

Les représentants du règne végétal et du règne animal vivent en parfait équilibre, se sentent bien là où ils sont. Ainsi, jamais ne viendrait à l'idée d'un singe d'aller voir ce qu'il y a de l'autre côté de la mer, ni à un éléphant de partir en avion pour voler au-dessus des nuages. Les fruits des arbres et les herbe des savanes suffisent au bonheur du singe et de l'éléphant. Pas à celui de l'homme.

L'homme, de son côté, est rarement satisfait de son sort. Lorsqu'il possède tout ce qu'il peut souhaiter, il en veut encore. Et puis il est curieux. Il veut savoir ce qu'il y a de l'autre côté de la montagne, au-delà de l'océan et par-delà les nuages.

Pourquoi de tels désirs?

Physiquement, l'homme n'est pas très fort. Il n'a pas de fourrure pour se protéger du froid, pas de griffes pour se défendre ou attaquer. En plus il ne court pas très vite. Ainsi, il aurait dû disparaître depuis longtemps, dévoré par les lions et par les fourmis. Or, il a survécu. Et non seulement il a survécu, mais il est devenu le maître de la   terre. Cela parce qu'il possède un esprit qui le   contraint à se poser des questions, puis à répondre à ces questions, à résoudre les problèmes qui l'empêchent de dormir. Pour quelle raison, s'étonne-t-il, la pomme que je lance en l'air meretombe-t-elle sur la tête ? Bien sûr, au début, il n'en sait rien du tout. Alors il se met à chercher et finit par trouver.

Le singe, lui, ne cherche pas. D'abord, il ne lance rien en l'air, et si une pomme lui tombe sur la tête pendant qu'il sommeille à l'ombre d'un pommier, il la ramasse et la mange sans s'occuper du reste.

On dit que les animaux n'ont pas d'esprit, qu'ils ont juste un instinct. C'est l'instinct, par exemple, qui pousse les araignées à fabriquer des toiles pour attraper les mouches, les castors à construire des barrages. Cela est vrai, mais les toiles d'araignées seront toujours identiques à elles-mêmes. Jamais on ne verra une araignée créer une nouvelle forme de toile, ni plusieurs araignées s'associer pour fabriquer une voile, la hisser sur la coque d'une noix et partir en voyage.

On ne verra pas non plus les singes, qui ont pourtant des feuilles et des lianes à leur disposition, se confectionner des hamacs où dormir. Ils le pourraient, puisqu'ils ont des mains et qu'ils sont malins. Mais ils n'en ont pas l'idée. Ils ne savent pas ce qu'est une idée.

Tout ce que possède un animal, c'est son instinct. Celui de manger quand il a faim, de fuir quand il a peur et, comme tous les êtres vivants, de faire des petits et de perpétuer sa race. Mais c'est tout. Jamais on ne verra un singe transporter des bagages. Un singe n'a pas de bagages. Si vous lui donniez une valise, il n'aurait rien à mettre dedans : pas de vêtement, pas de brosse à dents, pas de casseroles, pas de crayons... Rien du tout. Les singes ne pos-

sèdent rien. Pas même de noms ou de prénoms. Ils
ne possèdent que la vie.

L'être humain, lui, transporte toujours un tas de
choses avec lui. Des objets qu'il a créés de ses
mains, avec intelligence. Car en plus de la vie,
l'homme a reçu l'esprit, c'est-à-dire la faculté
de s'interroger, d'imaginer, de créer.

Les singes et les animaux, même
les lucioles brillant dans l'obscurité,
vivent dans la nuit de l'ignorance.

L'être humain, lui, vit dans
le rayonnement de l'esprit. Sa
première conquête fut d'ailleurs
celle du feu, dont la lumière l'a si
bien éclairé qu'ila cessé d'être
un singe. Il est devenu le maître
du feu, le seul héritier de l'esprit.

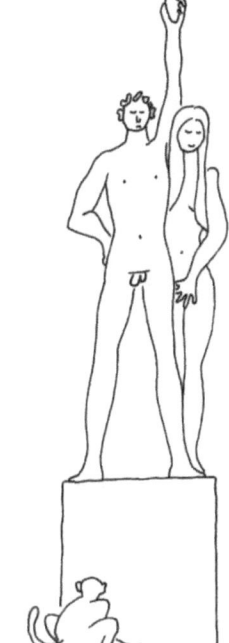

Du moins en est-il persuadé.

L'esprit

Le monde est composé de matière, d'énergie et d'esprit.La matière est ce qui forme les corps et leur donne un poids. Un caillou et une table sont constitués de matière, l'air est fait de matière, et vous-mêmes renfermez cette matière.

Mais en plus de matière, le monde est constitué d'énergie. Sans énergie, le monde serait comme un ballon avant qu'on ne l'ait gonflé : une poussière perdue dans l'infini de l'espace. Privées de l'énergie qui les fait tourner les unes autour des autres, la terre, la lune, toutes les planètes et les étoiles s'agglutineraient... Que resterait-il du monde ? Pas même un petit tas car les étoiles elles-mêmes disparaîtraient, réduites à des grains de matière d'un poids épouvantable.

Trop compliqué ? Ce n'est pas grave, continuons de réfléchir.

La matière, vous le savez, est constituée d'atomes. Mais à quoi ressemble un atome ?

À un système solaire : au centre le noyau, autour de lui les électrons qui tournent comme la Terre autour de son soleil. Si l'énergie disparaissait, les planètes se colleraient au soleil, tous les soleils se colleraient les uns aux autres et l'univers, formé de milliards d'étoiles, se réduirait à un ridicule petit tas de matière. Ainsi, sans l'énergie qui le traverse, le monde ne serait qu'une poussière.

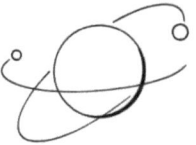

Avez-vous compris cela, mes loustics ? Je suis certain que non, mais je ne m'inquiète pas. Les mots sont des êtres vivants qui s'acheminent à la queue leu leu, porteurs d'informations qui vont poursuivre leur chemin, gagner votre entendement, vous éclairer comme une musique, un parfum ou une flamme. Alors vous sourirez de plaisir et ce sourire, sur vos visages confiants, sera le reflet de la lumière du monde.

Continuons donc sans vouloir tout comprendre d'un coup, et tant pis si des ombres demeurent.

Si certaines choses vous semblent obscures, c'est que ma pensée n'est pas assez puissante pour bien les éclairer. Vous le ferez plus tard, lorsque vous serez grands et plus savants que moi. Car j'en suis persuadé, vous serez plus intelligents que moi, plus éveillés que vos parents, plus savants que vos maîtres...

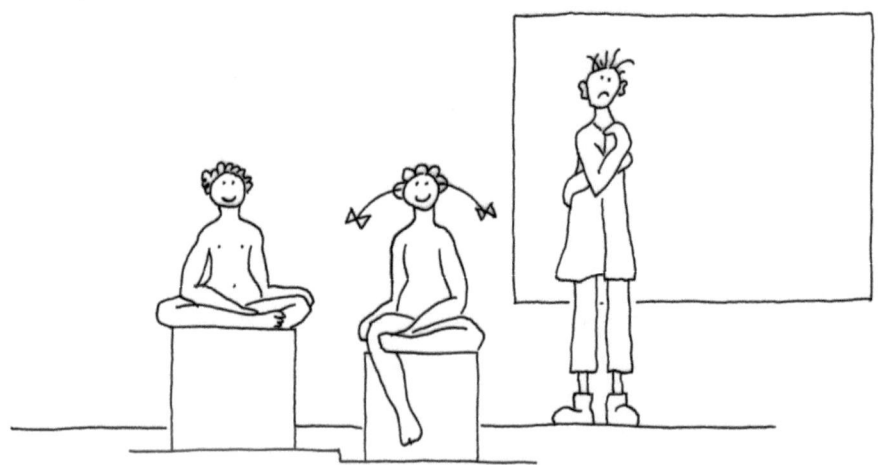

Donc, en plus de la matière et de l'énergie, le monde est constitué d'esprit.

Alors là, tout se complique. À tel point que les hommes, au cours de leur histoire, se sont souvent battus pour cette question d'esprit. Au point que je ne sais plus soudain de quelle manière vous expliquer.

Je souhaitais commencer par l'univers, mais j'ai eu peur de vous égarer dans l'immensité, de m'y perdre avec vous…

Mais si nous commencions par vous ?

Eh bien allons-y…

De quoi êtes-vous constitués ?

Vous le savez aussi bien que moi : d'énergie et de matière, comme tout ce qui existe. Mais si vous n'aviez que cette matière et cette énergie, vous ne seriez que des cailloux ou des gouttes d'eau. Or, vous êtes vivants. Et si vous êtes vivants, c'est que se trouve en vous le principe de la vie.

Vous êtes donc constitués d'un peu de l'énergie du monde, d'un peu de sa matière, et du principe de vie. Mais si vous n'aviez rien reçu d'autre, vous ne seriez que des arbres ou des herbes. Or, vous êtes des humains. Et si vous êtes des humains, c'est qu'en plus de la matière, de l'énergie et de la force vitale, vous avez hérité de l'esprit.

Et si vous avez hérité de l'esprit, c'est que l'esprit existe.

Ainsi, en plus de l'énergie et de la matière, le monde est constitué d'esprit.

« Mais à quoi pourra bien nous vervir cela ? » allez-vous me demander.

« En quoi ces histoires de matière, d'énergie et d'esprit pourront-elles nous aider, nous qui sommes des enfants ? »

Là, mes petits canards, vous me posez une question si délicate que je suis comme vous, et je l'avoue sans honte : je n'en sais rien du tout.

Comme vous, j'aime beaucoup me baigner, lire des livres et jouer, manger de bonnes choses et discuter avec mes amis.

Tout à l'heure, justement, j'ai plongé dans les eaux d'une rivière. Ensuite, pour me reposer, je me suis allongé au soleil. J'étais tranquille, je regardais les oiseaux, les libellules, les papillons et les poissons, et je me disais : tout de même, les poissons ne se font pas de bile. Quand ils ont faim, il leur suffit d'ouvrir la bouche et hop, un vermisseau s'offre à leur appétit.

Comme ça doit être agréable, ai-je pensé, de se laisser vivre ainsi, au fil d'une eau tranquille, dans une jolie rivière…

J'ai continué d'observer les poissons, et je me suis vu tel que j'étais, au soleil.

Je me suis alors posé une question : « Aimerais-tu, me suis-je demandé, vivre ainsi sans t'en faire ? Aimerais-tu vivre comme un lézard ? »

Bien sûr, je n'ai pas su répondre : j'ignore si le lézard est content de sa vie. Mais voilà qu'un lézard, justement, sortait de la fissure d'un rocher… Je l'ai regardé et, an esprit, sans faire de bruit, je suis entré dans sa tête pour savoir s'il était content.

Content ? Pas content ? On peut imaginer que le

lézard ne sait pas. Qu'il ne sait pas non plus qu'il est un lézard, car il ignore tout de lui-même. Ainsi, quand il voit son reflet dans le miroir de la rivière, croyant se trouver face à un animal féroce, il prend ses jambes à son cou et s'enfuit.

Donc, le lézard n'est ni mécontent, ni mécontent. Ni heureux, ni malheureux. Il ne pleure ni ne rit. Simplement, il a faim ou pas faim. Quant il a faim, il s'en va quérir de la

nourriture. Et quand
il n'a pas faim, il reste
dans son trou, à attendre.

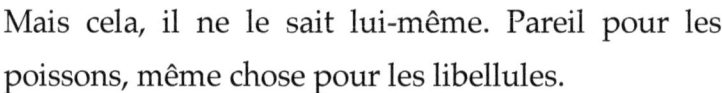

À attendre quoi ?

À attendre d'avoir faim.

Mais cela, il ne le sait lui-même. Pareil pour les poissons, même chose pour les libellules.

Sans doute un peu d'esprit chez nos amis les animaux, pensera-t-on. En revanche pas la moindre conscience.

Et puis j'ai découvert autre chose, dans la tête du lézard. Une obsession qui ne le quitte jamais : la peur d'être mangé.

Le lion, lui, ignore la peur : il est le roi des animaux, et nul n'oserait l'attaquer. Il pourrait donc dormir sur ses deux oreilles, se promener sans crainte dans les hautes herbes des savanes.

Pourtant, le lion s'inquiète. Car il a vu un jour un animal qui marchait sur deux pattes. Une créature qui ressemblait à un singe mais qui n'avait ni poils ni fourrure, et qui tenait à la main quelque chose de pointu. Alors le lion a grogné, il s'est aplati dans les herbes. Depuis ce jour, le lion lui-même a peur.

Cet être à la tête haute, vous l'aurez reconnu : c'est notre ancêtre, c'est le maître du feu, le modèle de tous les animaux.

Eh bien moi, mes amis, même si je dois travailler et me faire du souci, je préfère habiter une tête d'homme plutôt qu'une tête de lézard ou de lion :

nul ne viendra m'attaquer, nul ne viendra me tuer pour me me prendre ma peau. Nul ne pourra m'enfermer dans une cage. Je serai libre d'aller où je veux, d'agir selon ma volonté.

Vous et moi, nous pourrons même aider le lion et ses semblables, leur apporter à boire si l'eau venait à leur manquer au pays des cactus.

Nous comprendrons alors, tandis qu'ils viennent à nous et se réjouissent, qu'ils possèdent eux aussi un esprit.

La nourriture de l'esprit

Comment l'esprit est-il venu aux hommes, dans une moindre mesure aux lions et aux gazelles ?

Pour que nous le sachions, il faudrait que quelqu'un l'ait noté à ce moment-là. Mais il n'y avait à l'époque ni papier ni crayons. Il n'y avait même pas de mots. Uniquement des grognements, des barrissements dans les forêts profondes, des hululements de chouettes.

Beaucoup plus tard, après que l'être humain est apparu, on a écrit l'histoire de la venue de l'esprit. Une belle histoire que vous connaissez tous…

Dieu a créé le monde, a-t-on écrit dans toutes les langues. Il a créé le cicl, le soleil, la terre, les océans et les rivières, le jour et la nuit, les lézards, les lions et tous les animaux.

Puis Il a créé l'homme.

Pour créer l'homme, Dieu a pris de la glaise qu'Il

a pétrie entre Ses mains, comme de la pâte à pain. Il a formé la tête et les oreilles, les yeux, la bouche et le nez, puis le tronc et les bras, les jambes et les doigts de pieds. Il a ainsi réalisé une très belle statue et, content de Lui, a décidé de lui donner la vie en lui soufflant dans les narines. L'homme de glaise est alors devenu un homme de chair capable de marcher. Puis Dieu a créé la femme, pour que l'homme et la femme vivent ensemble, qu'ils s'aiment et qu'ils aient des enfants.

Ce premier homme et cette première femme, appelés Adam et Ève, purent ainsi se promener dans un très beau jardin qu'on nomme le paradis. Ils n'avaient pas à se vêtir car il faisait très beau, très chaud, et ils ignoraient la honte d'être nus. Ils n'avaient pas non plus besoin de travailler. Pour se nourrir,

il leur suffisait de tendre la main vers les fruits qui leur étaient offerts.

Seulement, en ce jardin paradisiaque, Adam et Ève étaient-ils achevés ? Étaient-ils réellement comme nous ?

Voyons cela…

Dieu leur avait donné un corps, c'est-à-dire de la matière et de l'énergie. Il leur avait également offert le souffle de la vie. Mais leur avait-Il attribué l'esprit ? Pas vraiment. Ne sachant encore rien du bien et du mal, Adam et Ève demeuraient dans la nuit de l'ignorance.

Dieu a donc décidé de leur offrir l'esprit. Mais il n'a pas voulu le leur imposer. Il a préféré que l'homme et la femme soient libres d'y accéder ou de s'en protéger. En un mot, il a voulu qu'Adam et Ève choisissent.

Alors Il a désigné un arbre et leur a dit ceci : « Voici l'arbre de la connaissance du bien et du mal. Je vous interdis de manger de son fruit. »

Qu'auriez-vous fait, mes poussins, si on vous avait interdit de mordre dans un fruit odorant et juteux ? Auriez-vous obéi ? Bien sûr que non, car vous êtes curieux. Vous désirez connaître le goût de chaque chose, et vous avez raison.

Comme vous l'auriez fait à leur place, Adam et Ève ont donc cueilli le fruit défendu et l'ont mangé. Si bien que l'esprit leur est venu : ils se sont alors vus comme en un miroir, ont voulu se protéger de la colère de Dieu, se sont cachés sous un buisson.

Pourquoi cette peur ?

Parce que d'un seul coup, après avoir goûté du fruit de la connaissance, ils ont su ce qu'ils avaient fait, ont eu conscience d'avoir mal agi.

La conscience ?

C'est le pouvoir du souffle de vie de se voir et de se comprendre.

Le regard du souffle de vie sur lui-même, c'est l'union de l'esprit et de la conscience.

Bien sûr, vous n'êtes pas obligés de croire à cette histoire d'arbre etde paradis. Libre

34

à vous de vous dire que l'homme est apparu sans que Dieu intervînt, que l'esprit lui est venu quand son cerveau fut assez grand, assez perfectionné. Mais n'allons pas nous disputer. Chacun a le droit de penser ce qu'il veut.

Les premiers temps de votre existence, vous êtes comme Adam et Ève. Vous n'avez que le souffle de vie, et ce qui vous entoure ressemble au paradis : vous y avez bien chaud, le lait et le miel coulent dans votre gosier sans qu'il vous soit besoin d'aller à leur recherche. Vous croyez que les jouets sont partout, que les étés sont éternels, que le soleil brillera jusqu'à la fin des temps.

Mais voici que vous entreprenez la construction d'un château de sable. Vous bâtissez une tour et vous y rajoutez du sable, encore du sable, si bien que la tour s'écroule. Vous comprenez alors que le monde est complexe, que la matière vous résiste, et vous pleurez. Vous croyez que vos larmes vont rebâtir la tour, comme elles vous apportaient le lait lorsque vous étiez des nourrissons dans les bras de vos mamans.

Mais vos larmes et vos cris ne peuvent remettre

la tour en place. Vous seuls pouvez le faire. Vous vous apercevez alors que le sable résiste, que le monde vous échappe. Vous n'êtes sur terre qu'une petite goutte de vie, un fétu de paille sur le grand fleuve du temps. Et en plus du sable qui glisse, il y a aujourd'hui, il y a hier et demain, peut-être et peut-être pas. Et il y a les autres, le droit qu'ont vos semblables de jouer eux aussi dans le sable.

C'est ainsi que l'esprit, qui sommeillait en vous comme l'escargot au fond de sa coquille, montre le bout de son nez. Vous vient alors la soif d'en savoir un peu plus et de comprendre, par exemple, pourquoi la pomme retombe quand on la lance en l'air.

Les interrogations sont des soifs de l'esprit, les réponses lui apportent sa nourriture.

La terre

Vous qui me lisez aujourd'hui, vous devez vous demander pourquoi je vous parle, pourquoi je vous écris, alors que je ne vous connais pas.

Je ne le sais pas moi-même, en même temps je le sais. Car nous sommes frères et sœurs, à la surface de la terre.

J'ai eu envie de vous écrire et j'ai commencé. Si j'avais agi autrement, j'aurais été malheureux.

Je sais que vous allez me lire, que vous allez

réfléchir sur la vie, sur la condition humaine, sur l'esprit, et je ne peux plus m'arrêter.

Peut-être ne serez-vous pas d'accord avec moi. Peut-être allez-vous penser que je raconte parfois des bêtises, que je me perds dans les chimères et les étoiles du rêve. Mais aucune importance. Je ne vous demande pas de me croire. Je souhaite simplement que les mots imprimés sur les pages de ce livre alimentent vos pensées.

J'aimerais que nous nous arrêtions de temps en temps, nous autres humains, et que nous regardions la rivière, que nous regardions l'océan, que nous regardions le ciel. J'aimerais que nous allions dans le ciel, et que de tout là-haut nous regardions la terre afin de l'observer, de mieux la connaître.

Voulez-vous essayer ?

Eh bien fermons les yeux, élevons nos esprits au-dessus des nuages, voyons où nous vivons, voyons d'où nous venons.

Cette sphère au milieu des étoiles, cette planète bleue avec ses hautes montagnes, ses forêts, ses chants d'oiseaux et ses parfums, c'est la Terre. C'est

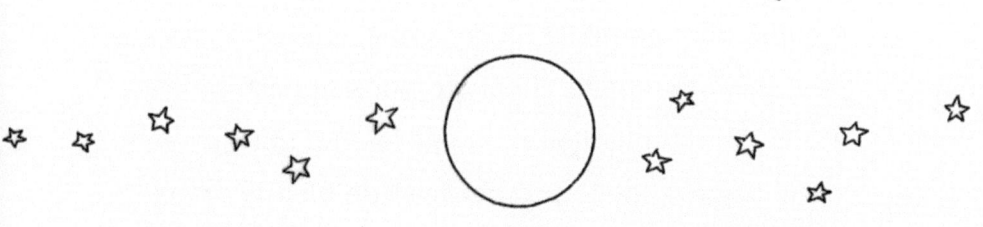

notre berceau, notre île dans l'espace. C'est aussi notre mère.

Elle nous offre son lait, son miel, ses fruits et ses douceurs, le sourire de ses longs étés et la blancheur de ses hivers. C'est une très belle planète, vraiment. La seule, parmi toutes celles qui tournent autour du soleil, capable d'accueillir les humains, les animaux et les plantes.

Elle est notre planète, mais elle ne nous appartient pas. Nous la partageons avec les oiseaux, les abeilles, les éléphants, les baleines et tout ce qui vit, à commencer par les plantes, les vers de terre et les fourmis.

Elle ne nous appartient pas car elle est vivante.
Ce qui vit n'appartient à personne, et vous le savez.
Par exemple, votre chien ne vous appartient pas.
Vous êtes simplement son maître, celui qui a promis
de le soigner, de le promener et de bien le nourrir,
comme vos parents vous nourrissent, vous soignent
et vous emmènent au cinéma. Si vous ne soignez
pas votre chien, si vous êtes mauvais avec lui, il
aura des puces et ces puces vous piqueront.

Si au contraire vous le lavez, si vous le caressez, il
vous sera reconnaissant, et vous serez heureux et
fiers d'avoir un si bon chien.

Avec votre planète, la Terre, c'est pareil. Si vous
l'abandonnez, si vous la meurtrissez ou la laissez
sans soins, elle se vengera par la tristesse, la mala-
die et la laideur.

Si au contraire vous la respectez, si vous l'entretenez avec amour, elle vous offrira le plaisir de vous promener dans ses forêts, de grimper au sommet de ses montagnes, de plonger dans ses océans, de respirer ses parfums.

Voilà ce que je voulais vous dire, en vous emmenant tout la-haut pour que vous la voyiez. Et vous l'avez compris : cette shère verdoyante tournant autour du soleil qui l'éclaire et la chauffe, nous est infiniment précieuse.

Maintenant redescendons vers elle, observons-la de près…

Que voyons-nous ? Des forêts traversées de jolies rivières mais aussi des forêts qui brûlent. Nous voyons des cours d'eau limpides et des étangs pollués, des cheminées d'usines crachant leurs fumées noires jusque dans le ciel bleu. Là-bas, nous voyons des hommes qui se battent comme des chiens enragés pour un bout de prairie ou un puits de pétrole, et encore des fumées. Et nous voyons là-bas, dans des pays devenus désertiques, des gens qui meurent de faim.

Rapprochons-nous encore…

Que voyons-nous à l'équateur ? Nous voyons un chasseur tuer un éléphant pour s'emparer de ses défenses, en tuer un autre, encore un autre et encore un autre, cela pour se remplir les poches…

Que voyons-nous maintenant, sur la blancheur du pôle ? Nous voyons un de nos semblable tuer un bébé phoque, le dépecer pour lui prendre sa peau et la vendre, en tuer encore un autre, et dix autres à la suite, jusqu'à ce qu'il n'en reste plus…

Que voyons-nous à présent, sur la mer ? Nous voyons un navire de pêcheurs. Sitôt qu'ils aperçoivent une baleine, ils la poursuivent et la tuent au canon. Puis ils en tuent une autre, et encore une autre… Et nous voyons de nouveau des chasseurs, en hélicoptère et armés de fusils, qui déciment des troupeaux de Kangourous …

Il y a de moins en moins de baleines, il n'y en aura bientôt plus. Il n'y aura plus d'éléphants non plus, ni de kangourous, ni même de papillons. Mais il y aura de plus en plus de fumées, de plus en plus de guerres car les hommes, devenus fous furieux, en viendront à se détester.

Voilà ce que je voulais vous dire lorsque j'ai commencé ce livre, dans une petite maison d'un village de la terre.

Je ne vous ai pas montré ces horreurs pour vous effrayer, mais pour que vous réfléchissiez. Pour que vous compreniez que la Terre court un très grand danger, et vous dire que je crois en vous.

Pour vous dire que bientôt, lorsque vous serez grands, vous empêcherez les fumées de masquer le soleil, et la folie des hommes d'empoisonner la vie.

Vous serez les maîtres de la terre et vous serez de bons maîtres.

Le fleuve du temps

Vous êtes venus au monde à une époque obscurcie de fumées, de guerres et de pollution.

Vous pourriez accuser vos parents d'être les responsables de ce malheur qui dure, mais vous ne le ferez pas.

Tout à l'heure, pour bien comprendre, nous sommes allés dans l'espace. Eh bien maintenant, nous allons voyager dans le temps, le remonter comme on remonte un fleuve.

Fermons une nouvelle fois les yeux, sentons-nous revenir en arrière, très très loin en arrière…

Il n'y a pas d'autos, ni de trains, ni d'avions. Il n'y a pas de routes, ni de rizières, ni de champs de blé. Pas même de raconteurs d'histoires. Mais beaucoup des forêts, de vastes étendues herbeuses, de bêtes sauvages et des papillons.

Les papillons se nourrissent du pollen des fleurs, les oiseaux de papillons. Les gazelles mangent de l'herbe, les lions mangent les gazelles. Dans les rivières et dans les mers, les petits poissons se nourrissent de plantes aquatiques, les gros poissons dégustent les petits. Tout cela est normal : le vivant se nourrit du vivant. C'est la loi de la vie, une très bonne loi : il y a beaucoup plus de gazelles que de lions, infiniment plus de petits poissons que de gros. Ainsi, les lions ne pourront jamais manger l'ensemble des gazelles. Il y aura toujours des gazelles et de l'herbe, des papillons, des lions et des poissons. Un parfait équilibre règne sur la planète.

Mais ne manque-t-il rien, sur cette merveilleuse planète ? Ne manque-t-il pas l'esprit qui puisse la goûter et l'aimer ?

Non, car l'esprit est là : voyez ces êtres bizarres, on dirait des singes mais ce ne sont pas des singes. Ils ont du mal à grimper dans les arbres, et puis, le soir, ils s'assoient autour du feu qu'ils ont allumé... Ce sont des hommes, des Homo sapiens.

Ils ne sont pas nombreux mais il y en a sur tous les continents, et même les lions les craignent. Ils vivent en petits groupes, se nourrissent de gibier, de poisson et de fruits. Pour se faire comprendre, ils poussent des sortes de grognements.

Comme ils ignorent l'écriture, ils n'ont pu nous transmettre leurs connaissances, ni nous conter leurs vies. On les qualifie de "préhistoriques", ce qui veut dire "avant l'histoire". Pourtant, au fond des cavernes où ils vivaient voici des dizaines de milliers d'années, nous trouvons aujourd'hui la trace de leur passage.

Continuons de les observer...

Que font-ils, accroupis en cercle ? Ils taillent des silex en forme de pointes, les fixent à l'extrémité de bâtons, puis lèvent et s'en vont en forêt traquer des animaux cornus.

Voilà qu'ils ont attrapé un aurochs trente-six fois plus gros qu'eux, l'ont tué et l'ont tiré au bord du fleuve. Ils mettent sa peau de côté, découpent des tranches de viande, les font griller sur le feu, se les partagent et les dévorent.

Ce soir-là, ils ont à manger pour au moins une semaine. En plus, ils ont une fourrure toute neuve, dans laquelle ils vont se confectionner des vêtements. Ils ont aussi récupéré les cornes de l'animal, qu'ils vont fixer à l'entrée de leur caverne, de façon à terroriser leurs ennemis... Cette nuit-là, donc, pour les dix hommes, les dix-huit femmes et les vingt-six enfants de la tribu préhistorique, c'est une grande fête autour du feu de camp, au centre de la clairière, sous protection de la lune. Ils se sont mis du rouge, du jaune et du bleu sur le corps. Ils cognent sur un crâne de mammouth pour faire de la musique et dansent autour du feu en se donnant de

grandes tapes dans le dos.

Mais, dans l'obscurité, voici des visiteurs, dissimulés par un rocher. Des hommes qui ont faim et froid, car leur feu s'est éteint. Serrant des gourdins dans leurs mains, ils rampent en direction de la fête, se redressent et attaquent.

Lesquels seront vainqueurs, à l'issue de cette nuit de bataille, au bord du fleuve du temps ? On ne le saura jamais, mais ce sera importance. Il y aura des morts, mais suffisamment de survivants pour perpétuer l'espèce et vous permettre à vous, trois mille siècles plus tard, de venir parmi nous.

Mais continuons de nous laisser porter par le temps, et ouvrons grand nos yeux.

Nous voici dix mille en aval, ou cent mille ans, je ne sais pas. Cette fois, grâce au feu, de grands progrès ont été accomplis.

D'abord, la tribu a grandi. Elle compte maintenant plus de cent hommes, plus de cent femmes et de trois cents enfants. On distingue des huttes, des tentes, des jarres pleines d'huile et de sel. On remarque également des pirogues, ainsi que des outils et des armes en métal car, depuis quelque temps, l'espèce humaine sait travailler le bronze. Du coup, les hommes vivent mieux. En revanche, les rivalités entre les tribus font beaucoup plus de victimes. En même temps, leurs territoires s'agrandissent.

Mais avançons encore…

Cette fois, au lieu de s'épuiser à chasser, les hommes ont capturé des animaux, les ont parqués à côté de leurs villages : les bœufs dans un enclos, les chèvres et les moutons dans un autre, les poules, les oies et les canards derrière des palissades. Pareillement, pour éviter de faire des kilomètres à la recherche d'une pomme ou d'une carotte sauvage, ils ont planté des pommiers, semé des rangées de carottes, de choux et de poireaux autour de leurs cabanes. Ainsi, lorsqu'ils se lèvent, au chant du coq, ils ont à portée de main les fruits et les légumes, la viande et le lait, la laine des moutons. Ils peuvent ainsidisposer de temps,

se mettre à réfléchir.

À réfléchir à quoi ? À réfléchir, par exemple, au meilleur moyen de posséder deux ou trois fois plus de vaches, de moutons et de canards... Par bonheur, non loin de là vit une tribu d'ennemis qui se peignent en bleu... La btaille s'engage.

Lesquels seront vainqueurs ? Ceux qui se barbouillent de bleu ? Ceux qui se peignent en rouge ? Sans importance car à la fin ils seront tous violets, parleront la même langue, disposeront d'un territoire deux fois plus grand qu'avant.

Oh le progrès ! Cette fois, les hommes ont des chaussures aux pieds, des chapeaux sur la tête. Pour surveiller leurs bêtes, ils ont domestiqué le chien.

De plus, ils ont attaché le bœuf à la charrue, ont labouré la terre, semé de nouvelles graines. En plus de la viande, ils ont à présent du blé, des haricots et du riz. Ils peuvent manger du pain, du chili con carne et de la paella.

Ils ont également capturé de nouveaux animaux, puissants et sympathiques, les ont apprivoisés.

Bien sûr, ces déplacements provoquent de nombreuses bagarres, car la tribu des oreilles vertes est furieuse de voir les nez violets traverser ses plantations de petits pois. Résultat : au bout de quelques coups de massue, les hommes d'un même pays sont de la même couleur, parlent le même langage et forment un peuple.

Nouveau progrès : pour noter leurs richesses, les hommes ont créé l'écriture. Ainsi, celui qui possède trois vaches, deux moutons et cinq pommes va noter sur un bout d'écorce ou une tablette de cire, à l'aide d'un silex :

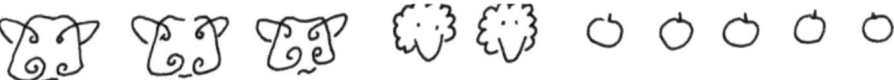

Mais il va bientôt constater que dessiner sans cesse des vaches, des moutons et des pommes, c'est un peu fastidieux. Surtout s'il y a beaucoup de vaches, de moutons et de pommes.

Il va donc décider de ne dessiner qu'une seule fois l'animal ou le fruit, et de faire précéder son dessin d'autant de ronds noirs qu'il y a d'animaux ou de fruits :

Voilà qui est plus simple. Mais s'il possède deux cent cinquante-six vaches, faire deux cents cinquante-six fois le même rond sans se tromper, c'est la barbe. Il va donc simplifier :

Cent s'écrira ■, dix s'écrira ♦, un s'écrira •

Deux cent cinquante-six vaches s'écrira donc :

Quant aux additions de vaches, si on veut calculer le nombre de vaches d'une contrée, ce n'est pas compliqué :

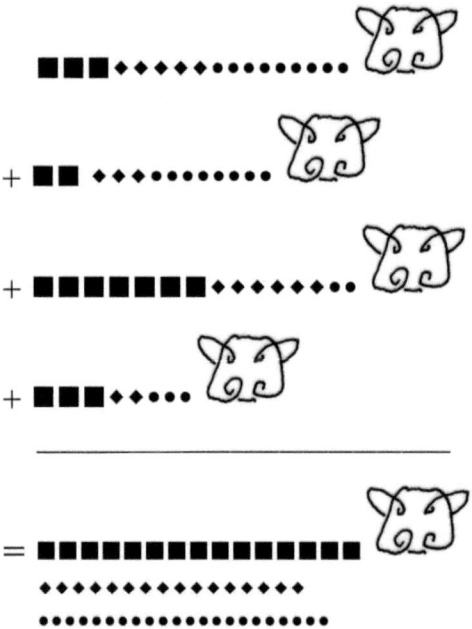

Devant ce résultat, vous vous grattez la tête. Ssapiens aussi : il lui faut à présent compter les carrés, les losanges, les petits ronds d'une seule vache, et la tête lui tourne.

Mais la tête ne va pas lui tourner longtemps. D'abord, il va compter les carrés de cent vaches. Il y a quinze carrés, soit mille cinq cents vaches. Il va donc trouver un nouveau signe pour exprimer mille. Par exemple un cercle, tel celui qui est noté plus bas.

Il va ensuite compter les losanges de dix vaches, les petits ronds d'une seule vache et arranger tout ça : Mille six cent quatre-vingt-deux vaches !...

Bien. Les hommes savent à présent noter le nombre de leurs animaux. Évidemment, peu à peu, ils vont améliorer le système en inventant les chiffres. Mais pour l'instant il y a plus urgent.

 Signifie vache. Mais comment distinguer

les vaches noires des vaches blanches et des vaches noir et blanc ? Voici Sapiens, notre frère ancien, obligé de faire trois dessins :

Mais il y a aussi les vaches maigres, les vaches grasses et les veaux... Les vaches blanches et maigres, les vaches noires et maigres, les grosses vaches noires, les petites vaches noires et les moyennes vaches noires mouchetées de brun...

Sapiens, qui commence à tourner en bourrique, se dit alors que rien ne va plus. D'autant qu'une vache espagnole jaune et noir vient de sortir de son étable...

Comment dessiner sans se tromper une maigre vache espagnole jaune et noir ? La moindre erreur risque d'entraîner une bagarre effroyable entre les éleveurs de vaches, les gardiens de vaches et les chiens, sur les berges du temps...

Sapiens va donc inventer des signes. Un signe pour chaque catégorie de vaches, un signe pour chaque catégorie de moutons et de canards... Bref, un signe pour chaque chose... Et comme il y a des milliers de choses, voici des milliers de signes. Personne ne s'y retrouve et la bagarre menace.

Sorciers et scribes, réunis alors sur les berges du temps, parviennent à mettre au point, au bout de longues heures de travail, la transcription des sons :

a e i o u ai ou ui oui ouai oi io an in on ouauio

ba be bi bo bu bai bou bui boui bouai boi bio ban bin bon bouauio

pa pe pi po pu, etc, etc.

Cette fois, on y est. Sans se tromper, on peut écrire que le sorcier boit de l'eau :

leu sorciai boi de lo

Évidemment, comme feront remarquer les maîtres d'école, au niveau de l'orthographe et de la grammaire, il y a quelques imprécisions. Mais ces détails vont s'arranger. Et d'autant plus vite que l'homme vient d'inventer la roue, de construire un char, d'atteler le cheval au char, de monter dans le char et de fouetter le cheval.

Le vent de la vitesse et du progrès lui siffle à

présent aux oreilles. Il n'est plus vêtu de peaux de bêtes mais de grandes pièces d'étoffe. Il bâtit des maisons, des villes et des ponts, construit des voiliers qui l'emportent vers l'aventure. Les peuples et les nations remplacent les tribus, les nations deviennent des empires.

Nous voici presque revenus chez nous, aux alentours de l'an 2000… Alors résumons-nous.

L'homme a inventé l'agriculture et l'élevage, car son soucis majeur était de se nourrir. En même temps, pour construire sa maison, fabriquer des fourchettes et se défendre, il a créé des outils et des armes. Parallèlement, pour noter ses souvenirs, il a inventé l'écriture.

Le voici désormais à l'abri du danger, de la faim et du froid. Moins fatigué par ses travaux, il peut à présent s'instruire.

Que désirer de plus ?

Si l'homme était un animal, il se serait arrêté là. Content de lui, il se serait assis devant sa porte, aurait allumé sa pipe et regardé les nuages.

Un tel comportement aurait été raisonnable. Mais l'homme désire tant de choses, rêve de tant de merveilles !... Rêve-t-il de voler ? Il confectionne des ailes, se les accroche aux bras, escalade une montagne et se jette dans les airs.

Bien sûr, par manque d'expérience, il se casse la figure, mais rien ne le décourage. Il perfectionne son engin, lui ajoute des pédales... et boum ! se casse de nouveau la figure.

Tandis qu'il soigne ses blessures devant sa soupe mise à chauffer, se produit une chose incroyable : la vapeur soulève le couvercle de sa marmite !... Lui vient aussitôt une idée.

Il en oublie ses malheurs et ses bosses.

Voyons, réfléchit-il... Si un litre de soupe peut soulever un couvercle, cent fois plus de soupe pourra soulever la lune... Et le voici qui fabrique un chaudron, l'emplit et le met à chauffer. Pendant ce temps, il relie le couvercle à une bielle, la bielle à une manivelle, installe une roue à l'extrémité de la manivelle, remet du charbon dans le feu.

Que se passe-t-il peu après ? La vapeur soulève le couvercle, le couvercle agit sur la manivelle, la manivelle actionne la roue qui se met à tourner...

Sapiens vient ce jour-là d'inventer la machine, la machine à vapeur !

Le marteau décuple la force du bras, la machine quant à elle remplace des centaines de bras. Elle peut manier cinquante marteaux, les abattre en même temps sur cinquante pièces de fer,les transformer en guidons de vélos. Elle peut aussi y percer des trous, y visser des sonnettes.

Avec l'invention des machines, les hommes vont être pris de fièvre. Ils vont creuser la terre, en extraire le charbon, construire des usines, y fabriquer des locomotives, des trains entiers et de nouvelles machines, puis des autos, des avions et et bientôt des fusées pour aller dans la lune, ainsi qu'ils en rêvaient depuis la nuit des temps.

Ah, mes outils à ressort,vous qui jouez dans le sable et rêvez de hauteur, voyez Homo sapiens sur le long fleuve du temps. Il a démarré nu, comme vous. Il a continué en pirogue, une peau d'aurochs sur le dos. Il a poursuivi en voilier, avec de beaux habits et des chapeaux à plumes, puis en vélo, en

pétrolette et en auto. Le voici aujourd'hui en avion, en navette spatiale, dans une combinaison de téflon argenté et un casque de verre.

Quelle aventure !

Et vous voici à votre tour sur terre, avec votre impatience, vos rêves et vos désirs. Avec une joie de vivre qui sera votre force, et une intelligence plus vive que celle de vos parents.

Qu'allez-vous entreprendre, quand vous aurez appris et maîtrisé ce que nous connaissons ? Vous donnez votre langue au chat ? Eh bien regardez devant vous, au loin, à l'opposé de la nuit, des guerres et de la fumée. Le fleuve du temps déborde de la terre, il coule désormais vers le ciel.

Vous allez soulever des soleils.

Le ricanement du singe

Vous habitez une planète dont tous les peuples se connaissent. Cependant, plus prétentieux que des coqs, certains voudraient s'approprier le territoire de leurs voisins et dominer la terre. Comme au temps de la préhistoire, il en résulte des guerres, de la souffrance et beaucoup de rancœur, mais vous dépasserez cela.

Vous avez d'ailleurs commencé. Sur les bancs de vos écoles se côtoient des enfants blancs, des enfants noirs et des enfants jaunes. Il y a aussi des enfants mêlés de blanc, de noir et de jaune, mais la différence s'arrête là. Pour le reste, l'intelligence et l'esprit, vous êtes semblables. Vous parlez, vous riez, vous aimez les bonnes choses. Et même si vous ne parlez pas les mêmes langues, vous êtes capables de vous comprendre.

Bien sûr, certains croient en Dieu, d'autres non.

Et parmi les croyants en Dieu, certains le nomment Dieu, d'autres Yahweh ou Allah, ou Vishnu, ou de bien d'autres noms, selon qu'ils sont nés au pays des chevaux et de l'herbe, au pays des chameaux et du sable, ou à l'ombre des éléphants. Mais cela est-il important au point de haïr ?

Vous êtes tous nés de la matière, de l'énergie et de l'esprit, sur une même planète. Si vous croyez en Dieu, vous êtes Ses enfants. Si vous n'y croyez pas, vous êtes les enfants de l'humanité, tout simplement. Et les enfants de Dieu et ceux de l'humanité sont le produit des noces de la terre et du ciel, de petites graines renfermant l'univers.

Autrefois, l'humanité n'existait pas. Il n'y avait que des tribus.

Certaines vivaient en Afrique, d'autres habitaient l'Europe, l'Asie ou l'Amérique. Au sein de chaque tribu, les hommes étaient unis. Mais les tribus africaines ignoraient l'existence des tribus asiatiques, les tribus d'Amérique ignoraient celles d'Europe, et c'était normal : n'existaient ni radio ni journaux, non plus que d'autocars. Chaque tribu restait sur son territoire comme une famille dans sa demeure, et des soldats veillaient aux portes des cités.

Mais les hommes sont curieux. Ils aiment faire du commerce, bavarder, échanger des idées. De nos jours, ils ont tout exploré et se sont tous connus.

Qu'ont-ils appris, au cours de leurs échanges ? Ils ont appris que les Esquimaux pouvaient avoir des enfants avec les Chinois, les Chinois avec les Africains, les Afrivains avec les Indiens.

Ils ont ainsi compris qu'ils apartenaient à une même espèce et qu'ils étaient tous frères.

Si bien qu'aujourd'hui, chacun peut se rendre où bon lui semble sans se faire attaquer, chaque pays donne de ses nouvelles aux autres pays, chaque nation s'inquiète de la santé de ses voisines.

Telle est devenue l'humanité : une immense famille, un corps vivant dont vous êtes les cellules.

Dans cette famille devraient régner l'harmonie et la paix. Chacun devrait s'employer au bonheur de ses frères, au progrès de l'espèce. Hélas, il en va autrement. Des guerres éclatent un peu partout, la pollution augmente, certains n'ont pas même de quoi se nourrir.

Avant que tous les hommes ne se connaissent, en des époques d'ignorance, les guerres furent nécessaires à leur rassemblement. Mais c'était au temps des massues et des épées, avant l'apparition des fusils et des premiers canons.

Avec une épée, pour tuer son ennemi, on se place devant lui. C'est le plus fort qui gagne, le plus rapide ou le plus intelligent. Ce n'est pas beau, mais chacun des deux combattants peut croiser le regard de l'autre, apprendre à le connaître.

Armé d'un fusil, on peut tuer son ennemi de derrière un arbre. On le guette, on le vise, on le tue sans qu'il s'en aperçoive. C'est efficace, mais ce n'est pas glorieux.

Avec un canon, on peut tuer d'un seul coup des centaines de personnes sans même les avoir vues. Là, c'est encore moins acceptable.

De nos jours, les hommes possèdent des armes terrifiantes. Des bombes empoisonnées, des missiles à microbes, des ogives atomiques capables de raser des villes entières, tuer d'un seul coup des millions de personnes, des millions d'animaux et d'anéantir les forêts, les champs et les villes pour des centaines ou des milliers d'années.

Ces armes épouvantables, on les a essayées. Le résultat a fait frémir le monde. À tel point que leurs détenteurs, les pays les plus riches, refusent de s'en servir. Ils pensent même les détruire, mais ce n'est

pas facile. Car ceux qui n'en possèdent pas, les petits pays pauvres, cherchent à en fabriquer pour devenir puissants.

Il y a aussi la pollution.

La pollution est le caca de l'humanité. Ce sont ses rots, ses pets, tout ce qu'elle rejette sur la terre et dans l'air : les poubelles, les gaz d'échappement des autos, les fumées et les boues des usines.

Dans les pays dotés de beaucoup de voitures et d'usines, ça commençait à sentir si mauvais, et les rivières avaient une telle couleur que les gens se sont inquiétés. On a donc décidé de filtrer les rejets, sinon personne ne pourrait respirer, ni se baigner ni boire, car l'eau elle-même allait devenir mauvaise.

Les pays pauvres, de leur côté, essayent de devenir moins pauvres. Ils font beaucoup d'enfants et bâtissent des usines dans lesquelles ils travaillent en esclaves, mais comme ils n'ont guère d'argent pour s'équiper de filtres, ils répandent à leur tour des fumées et des boues.

La guerre, la pollution et la surpopulation : voilà les grands problèmes dont vous devrez vous occuper quand vous serez plus grands.

Mais il y a plus grave : le problème des riches et des pauvres, des pays riches et des pays pauvres. Le problème de l'argent.

Le problème de l'argent est le plus grave de tous : c'est à cause de lui que les guerres se poursuivent, que la pollution se développe, que les citoyens se fâchent et manifestent.

Comment vous expliquer cela ? C'est à ce point difficile que même les grandes personnes préfèrent donner leur langue au chat. Essayons malgré tout.

D'abord, qu'est-ce que l'argent ?

L'argent, si on réfléchit bien, est le meilleur moyen de faire du commerce, de vendre et d'acheter ce qu'on veut.

Prenons l'exemple d'un village d'autrefois avant que l'argent n'existe…

Dans ce village habitent un boulanger et un marchand de chevaux. Le boulanger, pour transporter sa farine du moulin au fournil, a besoin d'un âne. Il va donc trouver le marchand d'animaux, choisit une bête robuste.

— Que me donnes-tu en échange, boulanger ? lui demande alors le marchand.

— Mille baguettes, répond le boulanger.

— Que ferai-je de tout ce pain ? proteste le vendeur. J'aurai à peine le temps d'en manger trois croutons que tout sera rassis.

— Dans ce cas je t'offre trois baguettes, cinquante poules et trois coqs, cents dix pommes et quarante-deux bouteilles de vin, propose le boulanger.

— Et d'où tiens tu ces pommes, ces poules et ce vin ? s'inquiète le marchand d'animaux, qui est un homme curieux.

— On me les a échangés contre des baguettes, répond le boulanger.

— Bon, j'accepte ton vin, tes coqs et tes pommes, répond le marchand. Mais je refue tes poules.

— Alors je te donne mon cochon.

— D'accord pour le cochon, répond le marchand, mais ce n'est pas suffisant. Mets ta brouette en plus.

— J'en ai besoin pour transporter ma farine, mais je te donne ma chemise.

— Tu es tout maigrichon, ta chemise va me serrer, répond le marchand. Remplace-la par trois cruchons d'huile.

— Comme tu voudras, dit le boulanger. Mais donne d'abord ton âne, et prête-moi une charrette.

— Pourquoi te donnerais-je mon âne avant que tu n'apporte ton huile, ton vin, ton cochon, tes pommes et tes trois coqs ? Et pourquoi te prêterais-je ma charrette?

— La charrette pour transporter l'huile, le vin, le cochon et le reste. Et l'âne pour tirer la charrette.

— Ça ne va pas, répond le marchand. Si tu mets une seule pomme sous son nez, le cochon va l'engloutir. Donc, apporte d'abord le cochon.

Que de problèmes, en ce village, pour acheter un âne !

Ainsi, nous comprenons que l'argent a facilité le commerce. Pareillement les salaires. Après un mois de travail, votre papa ne rentre pas à la maison en poussant une brouette chargée de cochons, de coqs ou je ne sais quoi, mais avec de l'argent.

L'argent est donc très pratique, et c'est bon d'en avoir. À condition d'en avoir assez, à condition aussi de ne pas en avoir trop, de ne pas y penser jour et nuit… Car l'argent est dangereux. Il devient rapidement une drogue, une pollution de l'esprit.

Aujourd'hui, bien des hommes sont pollués par l'argent. Au point qu'ils ne savent plus parler d'autre chose. S'ils n'en ont pas assez, ils usent leur

vie à tenter d'en gagner un peu plus. Ils perdent le goût du rire, le goût de la fraternité et deviennent comme des loups, toujours prêts à l'attaque. Et s'ils en ont beaucoup, malgré la peur de se faire voler, ils en veulent toujours plus pour dominer les autres, régner sur la planète, devenir les rois des loups.

L'argent, contrairement au pain, on peut l'accumuler. Lorsqu'on en a assez, on peut acheter de grosses voitures mais aussi des usines et des pays entiers. Ainsi, ceux qui détiennent l'argent font travailler les autres, amassent encore plus d'argent et règnent sur leurs semblables. Du coup, ce sont eux qui décident de la richesse et de la pauvreté, de la paix et de la guerre.

Cette forme de pouvoir, basée sur la puissance matérielle, s'appelle le pouvoir du plus fort.

Chez les hommes d'aujourd'hui, comme chez ceux des cavernes, le pouvoir n'appartient jamais à celui qui travaille, mais à celui qui détient la force, c'est-à-dire l'argent. Et celui qui détient l'argent n'est pas toujours le plus intelligent, ni le plus sympathique. C'est souvent le contraire.

aintenant posons-nous cette question : Qui sont-ils, ceux qui ont le pouvoir ? Sont-ce les rois, les présidents, les gens les plus riches de la terre ?

En apparence oui, en réalité pas du tout. Car les rois, les présidents et les milliardaires ne font que régler des problèmes de finances.

Le véritable pouvoir, aujourd'hui, a cessé d'ap-

partenir aux hommes. Il appartient à l'argent. Les rois eux-mêmes, les présidents et les milliardaires ne sont que des serviteurs de l'argent.

Si je vous ai parlé de l'argent, c'est qu'en plus de la pollution, en plus des guerres livrées à coup de gourdins et de chars, il y a la guerre de l'argent, la guerre économique, dont on parle beaucoup.

À la radio et à la télévision, si vous écoutez bien, vous entendez que le rouble, par exemple, continue de baisser. Il serait paraît-il attaqué par le dollar et le yuan chinois. Du coup, voilà la couronne suédoise qui grimace. Elle attaque à son tour, mais le rouble s'allie au dollar, et c'est à présent la roupie qui boit la tasse tandis que l'euro s'effonde.

Rigolo ?

Rigolo,en effet si l'on observe les possesseurs de l'argent s'agiter comme des singes sur des tas de Dollars et de Yens. Mais plus très
rigolo dès qu'on va voir
de près. Car pendant que
les serviteurs de l'argent
se battent comme
des chiens, ferment
des usines pour
en ouvrir ailleurs,

déménagent des fortunes d'un bout de la terre à l'autre, on voit de plus en plus de pauvres dans les pays riches, de plus en plus d'affamés dans les pays pauvres.

Ainsi, le monde fleuri dans lequel nous vivons ressemble à une machine sur le point de casser, un train qui filerait vers un gouffre.

Dans la locomotive se tiennent les rois, les présidents et les milliardaires. Ils voient bien sûr le

danger mais n'ont pas le courage d'appuyer sur le
frein, de s'arrêter dans la campagne, de réfléchir un
seul instant. D'ailleurs, si l'un d'entre eux s'avisait
de freiner, ses complices le jetteraient par la fenêtre.
Car ils savent tous que si le train s'arrête, d'autres
s'en empareront, qui prendront le pouvoir.

Pendant ce temps, dans les wagons voyage une
bande de petits singes qui se demandent où ils vont,
et qui commencent à s'effrayer car le train va si vite
qu'ils n'ont pas le temps de voir les paysages, ni de
profiter de la vie.

Cette bande de petits singes emportés malgré eux
dans la course au Veau d'or, c'est vous, c'est moi, ce
tous les hommes, toutes les femmes de la terre.

Je dis cela pour que vous soyez prêts, quand le
train déraillera, à vous aider à sortir des wagons
fracassés, à tendre une main secourable à votre frère
et à votre sœur, à la famille coincée dans le train du
malheur

Cette nuit,
j'ai songé à cela et j'ai songé
à vous dans les ferrailles tordues.
J'en ai très mal dormi car je tremblais pour vous.
Et puis je me suis souvenu d'un phrase, entendue je
ne sais où :

L'argent est le dernier ricanement du singe.

Elle signifie qu'en nous s'agite encore le singe
dont nous sommes les cousins, qu'au fond de l'homme survit un animal... L'homme de notre époque,
serviteur de l'argent, n'est pas encore un Homme...
Cela signifie en même temps que l'homme-singe
ricane pour la dernière fois et que l'Homme, le vrai,
verra bientôt le jour.

Loin dans le temps, les hommes se déchiraient pour un os ou une peau. Ils demeuraient des brutes. Puis ils se sont entretués pour des sommets de montagnes et des fonds de vallées, plus près de nous pour l'idée de Dieu. Là, ils commençaient à moins ressembler à des bêtes, car les bêtes n'ont aucune idée de la foi.

Aujourd'hui, on ne s'égorge plus pour un morceau d'aurochs, ni pour un territoire, ni même pour une idée. On se bat pour l'argent.

L'argent, création de l'homme-singe, est le poison qui risque de le tuer.

Le dépassement de l'argent sera votre conquête, votre victoire sur la stupidité.

Vous serez alors des Hommes, des vrais. Vous serez libres et vous irez très loin, très haut, ainsi qu'en a rêvé Sapiens.

Ce vieux Sapiens

Sapiens a conquis la terre, arrêtons-nous pour lui rendre hommage.

Il a répandu le sang, les larmes et la souffrance mais ce n'est pas sa faute. Il était seul et désarmé, dans la nuit des temps.

Songez qu'à son réveil, le matin, ne l'attendaient ni bol de chocolat, ni robe de chambre confortable. Juste une peau de bête, un os qu'il avait mis de côté et des ennemis partout, des animaux féroces qui n'attendaient que lui.

Lorsque je pense à lui j'ai envie de pleurer, car je suis très ému. Je suis ému par tout ce qu'il a fait,

Sapiens, sur le grand fleuve du temps. Par tout ce qu'il nous a donné...

Voyez ces villes, ces champs et ces rizières, là où il n'y avait que forêts pleines de ronces, déserts habités de scorpions, marais grouillants d'animaux dont seuls s'apercevaient les crocs.

Bien sûr, aujourd'hui, Homo sapiens est vieux et fatigué, il attend que vous l'aidiez. Alors vous allez nettoyer son antre et arrêter les guerres, réduire la pollution, répartir les richesses qui sont le bien de tous. C'est pour cette raison que vous êtes venus au monde à notre époque, et ni avant ni après.

Vous êtes aujourd'hui sur terre pour enterrer ce vieux Sapiens, qui n'attendait que vous, ses enfants, et qui voulait vous voir avant de fermer les yeux.

Maintenant que vous êtes là, il va grogner une dernière fois, puis retourner dans la nuit des temps en compagnie du singe.

Et dans quelques années, sitôt que vous aurez grandi, le monde vous sera confié.

La fraternité

Sapiens ne vous aura pas laissé que du désordre, des fumées et des larmes. Il vous aura a aussi laissé des livres, force ouvrages où il a écrit ce qu'il savait, et que vous allez lire. Vous y trouverez des pages inexactes ou fausses, car il s'est souvent trompé. Mais vous y découvrirez aussi des vérités qui vous aideront à poursuivre sa tâche, la longue aventure de l'espèce humaine.

Que vous promet l'avenir ?

À présent plus besoin de réfléchir. Il vous suffit d'ouvrir les yeux, de regarder autour de vous.

S'il fait grand jour, vous voyez l'horizon, le ciel avec parfois quelques nuages, et souvent du soleil. S'il fait nuit noire, en plus de la lune, vous distinguez des milliers d'étoiles.

La terre, l'homme en a fait le tour. Il en connaît les recoins, les sommets les plus hauts, les gouffres les plus sombres. Il connaît tous les animaux, toutes les plantes, toutes les pierres, la plupart des richesses du sous-sol, et sait les exploiter à son plus grand profit. Malgré cela, il vous reste beaucoup à faire, à commencer par le ménage, et vous n'aurez guère le temps de vous ennuyer.

Vous savez qu'il existe des pays riches et des pays pauvres, où des enfants comme vous ont à peine de quoi se nourrir. Et même dans les pays riches il y a des hommes qui ne possèdent rien, pas même une maison où dormir.

Tout en paralysant les pauvres, une telle situation pèse sur la conscience des riches. Celui qui n'a pas de maison éprouve un sentiment d'injustice, celui qui voit dormir son semblable sur le trottoir éprouve un sentiment de honte.

Que faire pour que chacun ait de quoi se nourrir, pour que chacun dispose d'une maison et d'un lit ? Que faire pour apporter plus de justice ?

Eh bien imaginez qu'il y ait, dans votre classe, à l'école, vingt enfants bien nourris, et un enfant qui n'a rien à manger.

L'enfant qui n'a rien à manger est maigre et sale,

car il n'a pas de savon. Et s'il a le ventre vide, s'il a des poux et des maladies, il a beaucoup de mal à apprendre ses leçons. Son esprit n'est pas dans les livres, mais dans l'assiette de bonnes choses qu'on ne lui a pas donnée.

Allez-vous conseiller à ce semblable de disparaître ? Allez-vous le chasser de la classe parce que sa misère vous attriste ? Si vous agissez de la sorte, vous aurez honte de vous. Et il est difficile de vivre dans la honte. La honte est comme un poids sur la conscience, une saleté dans l'esprit.

L'enfant qui a faim, vous allez lui venir en aide. Vous allez partager avec lui ce qu'on vous a donné quand vous êtes arrivés parmi nous : le pain et le lait, les jouets et l'amour.

Ces nourritures du corps, de l'esprit et du cœur, on vous les a offertes sans vous demander de dire merci. À votre tour, vous allez donc donner sans rien exiger. Et vous le verrez aussitôt, vous serez récompensés : l'enfant qui avait faim, à présent bien nourri et bien propre, vous livrera son sourire.

Les pays qui ont faim, les pays sales et malades, vous allez pareillement les aider.

En leur tendant la main, en parlant avec eux, en leur offrant l'hospitalité au lieu d'avoir peur d'eux. Et vous réussirez. Votre pensée se développera, vos esprits s'ouvriront, vous serez alors capables de faire régner la paix.

Bien des problèmes, nous l'avons vu. Mais en réalité un seul : le partage du travail et des fruits du travail. Pour régler celui-là, vous donnerez le meilleur de vous-mêmes et vous en serez heureux.

Je vous envie déjà. Vous avez de la chance d'être nés aujourd'hui.

Les semeurs de l'esprit

Il y a la terre où vous vivez, et il y a le ciel. Le ciel avec ses milliards de soleils, ses milliards de planètes et de lunes. Le ciel qui vous attend.

Car Sapiens, ce vieil énergumène, ne vous laisse pas que des marteaux, des livres et des machines. Il vous fait deux cadeaux avant de s'en retourner : un petit appareil à écran et clavier, qui est l'outil de l'esprit, et une haute construction de fer, clé d'une porte ouvrant sur les étoiles.

Bien sûr, son ordinateur n'est encore qu'un jou-

jou, et sa fusée spatiale, qui s'arrache avec bien du mal à l'attraction de la terre, mettrait des siècles pour gagner Bételgeuse ou Orion. Pourtant, elle a transporté des hommes sur la lune et les a ramenés vivants, éblouis par ce qu'ils ont vu : notre planète bleue, notre île verdoyante au milieu des étoiles.

L'ordinateur délivre des travaux qui prennent beaucoup de temps, exigent de l'attention, dévorent l'énergie du cerveau. Grâce à ce nouvel outil, vous allez développer l'intelligence héritée de Sapiens, la transformer comme il a transformé le feu. Car le feu, Sapiens l'a changé en mouvement, en électricité, en puissance mécanique. Et de la même façon que nous pouvons aujourd'hui, grâce aux machines, utiliser nos muscles à d'autres tâches que soulever des cailloux, vous allez employer vos cerveaux à des travaux plus nobles que compter et classer.

Vous allez employer vos forces à établir l'harmonie, la paix entre les hommes.

Notre planète bleue, vous allez la chérir, en faire un délicieux jardin. Vous partirez alors à l'assaut de l'infini, vous répandrez dans les étoiles.

En attendant, pour conquérir les mondes innombrables attendant la venue des humains dans l'infini du ciel, et pour faire de la terre un jardin, vous ouvrirez vos esprits. Si vos esprits restent clos, vous n'emploierez votre intelligence qu'à vous chamailler, et le scintillement des étoiles restera à jamais hors de votre portée.

Mais voici plusieurs fois que je vous parle d'ouverture de l'esprit sans rien vous expliquer.

Comment ouvrir son esprit?

Il m'est très difficile de vous le faire comprendre. Je ne le sais pas très bien. Je ne suis qu'un Homo sapiens, j'ai passé la plus grande partie de ma vie à soulever et porter, parfois même à gratter le sol, et je n'ai utilisé mon intelligence qu'à gagner de l'argent et à compter mes sous.

Par bonheur, il m'est aussi arrivé de rêver.

Je vais donc essayer…

D'abord, pour ouvrir son esprit, il na faut pas avoir le ventre vide. Si on a faim, on ne pense qu'à la nourriture, et l'esprit reste clos.

Ensuite, il ne faut pas avoir trop mangé. Gavé,

on, éprouve l'envie de dormir, et ce n'est pas dans le sommeil que l'esprit peut s'ouvrir.

Il faut aussi que le corps soit en bon état. Si vous avez des boutons qui vous grattent, si vous avez mal aux bras pour vous être battus, vous resterez prisonniers de vos maux.

Enfin, vous devez être en paix. Si vous avez mal travaillé, vous aurez honte de vous, et votre esprit restera dans la honte. Si vous avez des ennemis, ces ennemis envahiront votre esprit, et vous resterez enchaînés au désir de vengeance.

Commençons donc par bien nous laver, pour que rien ne nous gratte. Puis mangeons quelque chose de bon, et remercions la terre, le soleil, l'univers en entier, de nous avoir offert une si douce nourriture.

Pardonnons maintenant à ceux qui nous ont fait du mal, et pardonnons-nous à nous-mêmes : si nous avons mal agi, promettons-nous de nous améliorer, de ne plus faire de sottises.

Nous voici désormais en paix, contents d'être vivants, heureux d'appartenir à la famille humaine. Allongeons-nous sur le sable d'une plage ou l'herbe d'une prairie, et attendons la nuit.

Voici que le soleil se couche, voici le crépuscule, voici la nuit où scintillent les étoiles...

Respirons calmement, sentons tourner la terre au sein de l'univers, et laissons-nous porter vers le lointain, les astres innombrables, leur scintillement dans l'infini du ciel.

Nous avons un peu peur car c'est vertigineux, et silencieux et froid. Un frisson nous traverse et nous aimerions fuir, mais nous dominons notre effroi, nous cessons de penser aux poussières que nous sommes, nous nous baignons de la splendeur universelle. Nous percevons alors la musique de l'espace, le battement de son cœur, le rayonnement de son esprit. L'amour et la beauté éclairent notre entendement, l'espace nous féconde et nous ouvre les bras, nous devenons immenses.

Pensez-vous que le lendemain, lorsque vous ouvrirez les yeux au lever du soleil, que vous retrouverez votre corps sur la plage ou dans l'herbe, vous aurez envie de vous battre, de faire du mal à votre prochain, de le laisser souffrir ?

Vos esprits auront commencé à s'ouvrir, vous ne serez plus jamais stupides ni bagarreurs, vous ne serez plus des singes.

Vous serez l'homme dont la terre a besoin, celui que les étoiles attendent depuis la nuit des temps.

Vous serez toujours aussi petits dans l'infini du monde, mais vous serez immenses dans ce qu'on nomme l'esprit.

Vous serez les semeurs de l'esprit dans la splendeur du monde.

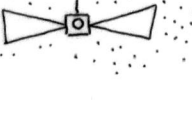

Où sera l'enfant que vous êtes aujourd'hui, quand vous serez adultes ? Aura-t-il disparu ?

On ne le verra plus que sur les photos prises par ses parents, mais vous le sentirez en vous. Vous sentirez qu'il continue de vivre.

Alors ne lui faites pas de peine,
quand vous aurez grandi.
Ne le jetez pas dans le puits de l'oubli,
ne le laissez jamais désespérer ni pleurer,
ses larmes vous tueraient.

Retrouvez-le souvent, laissez
son sourire et son rire
éclairer votre face

Vous êtes un milliard
sur la Terre,
je vous embrasse
un milliard de fois.

Sapiens, votre ami

Du même auteur

Essais politiques :
Fouquet's révolution (Les points sur les i)
Révolte, amertume, rebond (Les points sur les i)
Capitalisme, la chute et ensuite (chez l'auteur)
Le blog d'un effaré (chez l'auteur)

Essai cosmogonique et prospectif :
Pour vous les enfants (BoD)

Romans :
Le Funambule (Éditions Tchou)
Évasion (à paraître)
Viendrez-vous ? (à paraître)
La Fiancée des parcs (BoD)
L'Éden et après (à paraître en 2016)
Auschwitz Karnaval (chez l'auteur)

Ces ouvrages sont visibles sur le blog de l'auteur :
chroniquevirgule.canalblog.com

chronique-virgule@orange.fr

Impression BOD Books on Demand, Norderstedt, Allemagne
Dépôt légal : juin 2015